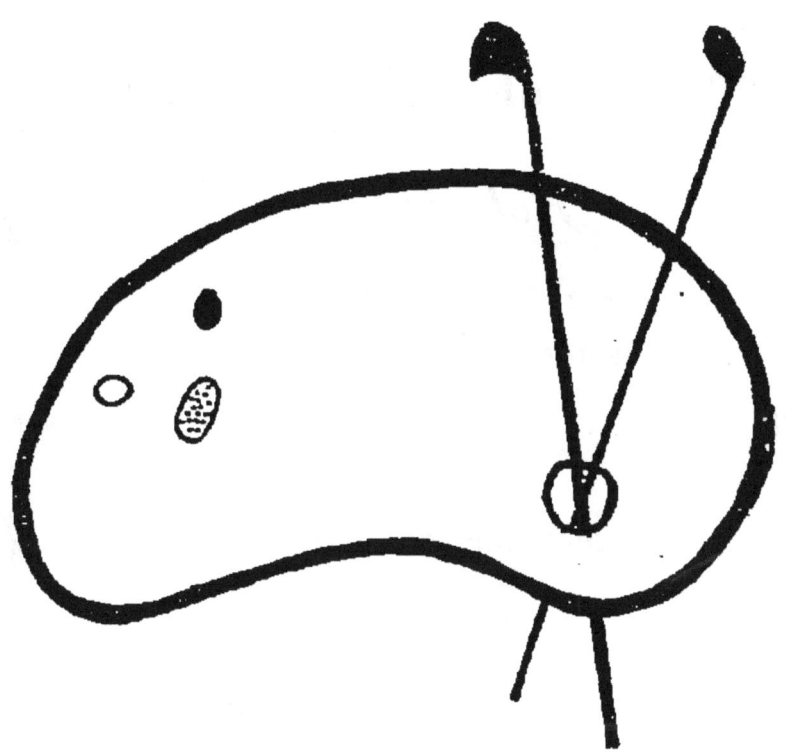

**DEBUT D'UNE SERIE DE DOCUMENTS
EN COULEUR**

Dernier Voyage
DANS L'OUBANGHI ET L'ALIMA

Relation écrite

Par Mgr AUGOUARD

VICAIRE APOSTOLIQUE DE L'OUBANGHI

Lettre adressée à son frère

Se vend au profit de la Mission
50 centimes

LIGUGÉ (VIENNE)
IMPRIMERIE SAINT-MARTIN
M. BLUTÉ

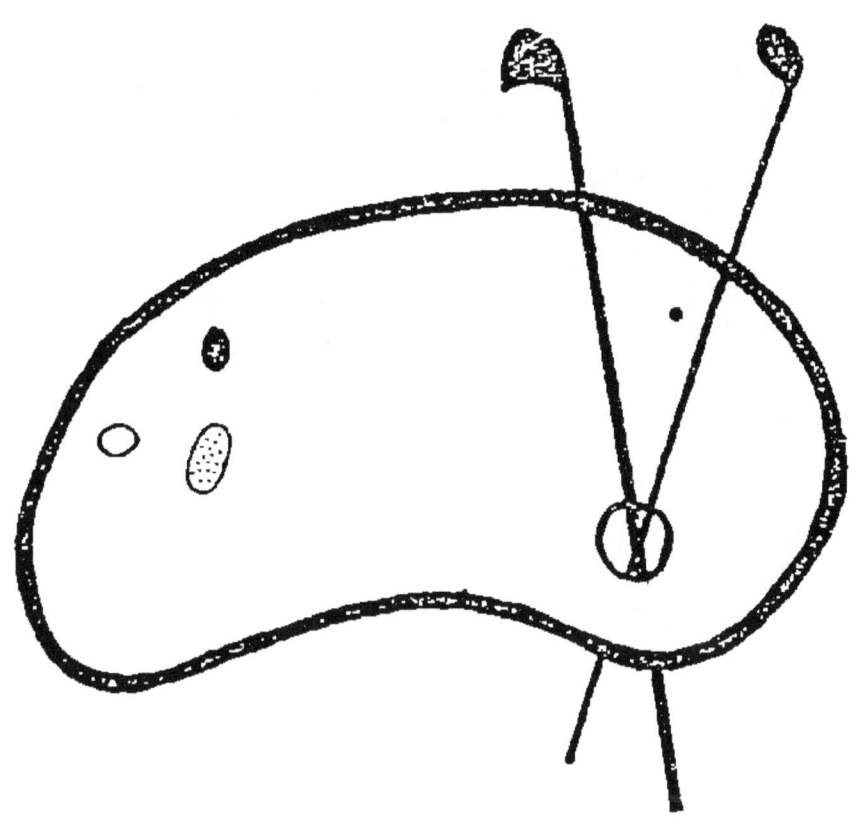

FIN D'UNE SERIE DE DOCUMENTS
EN COULEUR

Dernier Voyage
DANS L'OUBANGHI ET L'ALIMA

Relation écrite

PAR Mgr AUGOUARD

VICAIRE APOSTOLIQUE DE L'OUBANGHI

Lettre adressée à son frère

Se vend au profit de la Mission
50 centimes

LIGUGÉ (Vienne)
IMPRIMERIE SAINT-MARTIN
M. BLUTÉ

Brazzaville, 25 septembre 1899.

Mon cher Louis,

On dit souvent en France que l'homme propose et Dieu dispose. C'est encore plus vrai en Afrique, où des événements inattendus viennent chaque jour contrarier les projets les mieux combinés, ou les plans les plus arrêtés. Aussi la correspondance souffre-t-elle forcément de cet état de choses, et comme je n'ai pas les moyens de me payer le luxe d'un secrétaire, il s'ensuit que les amis doivent patienter un peu pour avoir des nouvelles.

Un repos forcé vient me donner le loisir de causer un peu avec toi, et je vais en profiter pour te donner quelques détails sur le Congo, auquel ta fraternelle amitié veut bien s'intéresser.

M#gr# Augouard va au secours du commandant Marchand avec le *Léon XIII*. — Il transporte M. Gentil et son expédition.

On sait que, l'année dernière, le Ministre des Colonies m'avait envoyé un cablogramme pour me demander le *Léon XIII* afin de porter d'urgence dans le Haut-Oubanghi les renforts que le commandant Marchand attendait avec tant d'impatience.

La cause française étant en jeu, il n'y avait pas à hésiter, et, faute de capitaine, j'ai pris moi-même le gouvernail du *Léon XIII* pour conduire à destination les renforts demandés.

On navigua à toute vapeur, faisant du bois sur les rives pendant toutes les nuits pour accélérer la marche, et malgré les courants, très forts à cette saison, on arriva heureusement au pied des rapides de Banghi. Une fois seulement, pour ne pas en perdre l'habitude, nous fûmes gratifiés d'un coup de sagaie qui, heureusement, ne blessa personne. Toutefois, l'équipage n'était guère rassuré, car, pendant la nuit, il fallait couper le bois pour le chauffage du lendemain et les surprises étaient à craindre dans ces grandes forêts, où il est si facile de se dissimuler derrière les grands arbres.

À Banghi, l'expédition débarqua du *Léon XIII* pour prendre les pirogues qui devaient passer les rapides et se diriger en toute hâte vers Fashoda. — Et pendant ce temps on abandonnait Fashoda devant les menaces de l'Angleterre. Vraiment, ce n'était pas la peine de tant travailler pour aboutir à une pareille honte. Aussi, quelle amertume, ici, en apprenant cette triste nouvelle! Elles sont bien dures parfois, les nécessités de la politique.

Cependant, cela ne nous empêcha pas d'aider encore nos compatriotes lorsqu'ils firent un nouvel appel à notre patriotisme.

C'est ainsi qu'au mois de mai dernier, je conduisis dans le Haut-Oubanghi M. Gentil et une partie de son expédition, qui se dirigeait vers le Chari et le Tchad. Le gouvernement sait, en effet, qu'il peut toujours compter sur notre dévouement, et nous sommes heureux de concourir au succès de toutes les entreprises françaises dans ces vastes contrées.

Visite de la mission Saint-Louis de l'Oubanghi, à Liranga, à 600 kilomètres de Brazzaville

Je profite de ce voyage pour visiter en détail toutes nos missions de l'Oubanghi. J'eus la joie de constater que, malgré les périls et les difficultés de toute sorte, le bien se fait, et que Dieu est aimé chaque jour davantage par de nouveaux fidèles.

La mission de Saint-Louis, qui se trouve au confluent de l'Oubanghi et du Congo, à 600 kilomètres de Brazzaville, a terminé toutes ses installations matérielles, et fait vraiment bon effet au milieu des touffes de palmiers qui l'encadrent d'un original bouquet de verdure.

L'école est fréquentée par bon nombre d'enfants, orphelins ou externes, et les villages voisins sont évangélisés régulièrement par les missionnaires. Souvent aussi, ces derniers prennent non seulement le bâton des voyageurs, mais la légère pirogue et vont dans les villages plus éloignés, annoncer la bonne nouvelle. La réception n'est pas toujours enthousiaste de la part de ces pauvres sauvages, dont l'intelligence ne saisit pas tout d'abord quel est le motif qui nous amène parmi eux. La pitance est plus que frugale et la pâte de manioc ne ressemble guère à notre beau pain de France. Les tornades viennent souvent rafraîchir le pauvre voyageur, dont le frêle esquif vient se réfugier dans les branches d'arbres de la rive ; les hippopotames protestent alors contre les intrus qui viennent troubler leurs ébats aquatiques, et les crocodiles n'attendent que le moment du « chavirage » pour s'offrir un quartier de chair fraîche.

Mais tous ces dangers, renouvelés chaque jour, passent inaperçus, et le missionnaire oublie volontiers sa fatigue quand il a pu catéchiser un malade ou envoyer au ciel un enfant moribond régénéré dans les eaux du baptême.

Visite de la mission Saint-Paul des Rapides, à Banghi, à 1200 kilomètres de Brazzaville. — Férocité des Bondjos ; précautions à prendre. — Massacre d'un enfant de dix ans. — Stratagèmes de pillage.

Une nouvelle étape de 600 kilomètres m'amène à la mission de Saint-Paul des Rapides. Dans le Congo, les indigènes de la rive ne sont point féroces et les attaques sont rares. Aussi la sécurité étant à peu près complète, on dort à son aise et le sommeil n'est point troublé par les cris des sentinelles. Il n'en est point ainsi dans l'Oubanghi, où la surveillance doit être de tous les instants et où les bateaux ont à déplorer quelques sanglants épisodes presque à tous les voyages. Cette fois cependant, l'équipage était plus à son aise, car les tirailleurs de l'expédition Gentil montaient la garde à bord du *Léon XIII* et accompagnaient, armés, les coupeurs de bois dans la forêt.

Pour être juste, je dois dire que ce dernier voyage fut vraiment monotone, car nous n'eûmes aucune alerte, aucun homme mangé, et pas même un coup de sagaie à éviter. La navigation commence à devenir trop peu mouvementée ; autant vaudrait naviguer sur le Clain ou sur la Vienne !

La mission de Saint-Paul des Rapides, qui vivait dans des alertes continuelles depuis tant d'années, était elle-même dans le calme le plus absolu. Il est vrai que nos féroces Bondjos venaient d'être payés pour cela.

Les Bondjos des environs de Banghi sont les gens les plus féroces qui se puissent imaginer, et la surveillance devait être continuelle pour éviter leurs attaques, aussi bien le jour que la nuit.

Pour aller chercher l'eau à la source, peu distante pourtant de la mission, il fallait un homme armé pour accompagner le porteur. Et malgré cette précaution, l'enfant entendit un jour le mot « Gnava » prononcé à voix basse non loin de lui. C'était un Bondjo embusqué dans les grandes herbes qui avertissait un voisin qu'il y avait de la viande à portée, mais qui détala au plus vite quand il vit reluir le fusil qu'il n'avait pas encore aperçu.

La même surveillance doit être exercée au cimetière situé à peine à 100 mètres de la mission, et c'est vraiment un poignant spectacle que de voir le fusil protéger le fossoyeur, qui sans cette précaution, pourrait bien creuser sa propre tombe.

Malgré la vigilance la plus active, des sagaies furent cependant lancées la nuit et le jour, et ne réussirent que trop souvent à blesser le personnel de la mission. Une fois entre autres, un enfant d'environ dix ans eut le cou presque tranché par le large fer d'une sagaie, et mourut quelques instants après.

La férocité inspire à ces sauvages des stratagèmes qu'il serait trop long d'énumérer ici ; mais le principal consiste à essayer d'incendier les habitations pour pouvoir piller au milieu du désarroi du sinistre et surtout pour se procurer quelques bons morceaux de viande fraiche ! Là encore, ils ont réussi bien souvent dans leurs funèbres expéditions.

La crainte des factionnaires les tenant un peu éloignés, les Bondjos se dissimulent dans les grandes herbes ou derrière les gros arbres, et de là lancent sur les toitures en paille des flèches garnies d'étoupe enflammée. La rapidité du trajet augmente encore l'activité de la flamme, et les toitures sont bien vite consumées par le feu, ainsi que tout ce qu'elles abritaient.

Pour se mettre à l'abri de pareilles surprises, la mission a dû faire le sacrifice considérable de toitures métalliques, et désormais nous avons une plus grande sécurité : nos petits orphelins ne courent plus le risque d'être rôtis à grand feu après avoir été arrachés à la marmite.

Les Bondjos et le poste français. — Punition des cannibales. — Rouerie de leurs congénères. — La paix. — Rachat d'enfants.

Le poste français fut moins heureux, et il eut plusieurs bâtiments qui devinrent la proie des flammes. Pendant qu'on éteignait un incendie, les Bondjos essayèrent même de brûler la maison du commandant, pendant qu'à ce même moment d'autres Bondjos enlevaient les pirogues attachées à la rive.

Las de tous ces méfaits et de tant de meurtres restés impunis, le poste français se décida enfin à agir et organisa une expédition pour forcer le repaire d'une grosse bande réfugiée près d'une rivière inaccessible aux bateaux à vapeur.

L'expédition prit la route de terre et fut servie par les événements eux-mêmes. La garde est ordinairement très bien faite dans les villages bondjos, qui sont toujours en guerre, même entre gens de la même tribu. Ce jour-là, la surveillance était moins active, par suite de la mort du fils du chef, dont on faisait les funérailles. Le cadavre, bien ficelé et préalablement fumé, était installé sur la place publique, et des rondes échevelées avaient lieu en l'honneur du défunt. Le spectacle, paraît-il, était vraiment satanique.

Quand une danse prenait fin, les calebasses de vin de palme circulaient à profusion, et l'ivresse s'ajoutait encore à ce spectacle déjà si lamentable. Pour ne pas perdre le bénéfice d'une pareille aubaine, les gardiens du village avaient abandonné leurs postes, et préféraient boire à l'ombre le vin de palme plutôt que de rester exposés au soleil.

Tout à coup, une décharge de mousqueterie se fait entendre, et plus de trente cadavres jonchent la place, d'où la foule s'échappe en poussant des cris épouvantables. Les fusils poursuivent les fuyards, dont beaucoup se jettent à la nage pour mettre la rivière entre eux et les assaillants, mais les fusils, impitoyables, atteignent une foule de gens qui tombent foudroyés ou se noient dans la rivière.

Plus de trois cents personnes tombèrent ainsi dans cette attaque, et une vingtaine d'enfants, faits prisonniers, furent ensuite confiés à la mission.

D'autres Bondjos, flairant une bonne aubaine, avaient accompagné les soldats du poste français, soi-disant pour prêter main-forte à l'occasion, mais en réalité pour faire une bonne provision de viande sans bourse délier. En effet, dès la première décharge, les Bondjos auxiliaires se précipitèrent sur ceux qui étaient tombés les premiers, et ils découpaient bras et jambes, au risque de recevoir eux-mêmes des coups de fusil. Les deux Européens qui commandaient la milice firent d'inutiles efforts pour empêcher cette boucherie : mais les auxiliaires, agiles dans leur manœuvre, se portaient toujours à l'opposé des blancs et s'empressaient d'aller cacher dans la brousse voisine le fruit de leurs exploits. Ils revinrent ensuite pendant la nuit avec leurs femmes et leurs enfants pour recueillir précieusement les lugubres restes qui servirent à d'horribles festins.

Désormais, les villages qui ont ainsi mangé la viande des autres sont ennemis pour toujours.

La terrible leçon donnée aux féroces Bondjos leur fut salutaire, car depuis ce temps ils ont cessé leurs visites nocturnes et leurs déprédations, de sorte que le poste et la mission sont en ce moment bien tranquilles. Les vaincus ont même demandé à faire la paix, mais on ne se fie qu'à moitié à leurs paroles, car jusqu'à présent leurs visites d'amitié ne servaient qu'à examiner les endroits faibles de la place, qu'ils venaient ensuite forcer pendant la nuit. Espérons cependant que cette fois-ci la paix sera sérieuse et durable et que les missionnaires pourront en profiter pour faire entendre à ces cannibales des paroles de charité et de réconciliation.

Malgré la férocité de leurs voisins, les missionnaires de Saint-Paul trouvent encore le moyen de faire du bien dans ces contrées, et quelques petits Bondjos ont déjà reçu la grâce du baptême. Un plus grand nombre a été arraché à la marmite des cannibales, et dans ma dernière excursion j'ai pu en rendre une douzaine à la liberté.

Deux pauvres petites filles ont été achetées pour une livre de petites perles rouges, et elles sont maintenant chez les Sœurs de Brazzaville, ne regrettant nullement le pays où la mort cruelle les attendait à bref délai.

Départ pour la Sainte-Famille. — Les pirogues remplacent le *Léon XIII*. — Accident. — Une équipe de Banziris contre un Bondjo. — Souvenir au Frère Séverin, massacré l'an dernier.

A Saint-Paul, il faut dire adieu à la navigation à vapeur et s'embarquer sur de légères pirogues pour passer les rapides. Une équipe de solides Banziris, conduite par deux anciens élèves de la mission, s'offrit pour me conduire à la mission de la Sainte-Famille. Je m'embarque donc avec le petit, mais intrépide Frère Germain, qui connaît bien les villages de la rive, et nous voilà en route au son du tam-tam, sans le bruit duquel un Banziri qui se respecte refuserait de marcher.

Grâce aux longues perches qui fonctionnent à l'avant pendant que les pagaies frappent l'eau en cadence à l'arrière, nous avançons rapidement. Une pincée de sel ou une feuille de tabac donnée à propos activent encore l'ardeur de notre équipage, et voilà la pirogue lancée à toute vitesse… sur un tronc d'arbre qui manque de nous faire chavirer.

Les pagayeurs ne s'embarrassent pas pour si peu : ils sautent à l'eau, soulèvent la pirogue avec leur dos, la dégagent de l'obstacle et remontent lestement comme des canards, sans s'inquiéter autrement des blancs, qui n'ont qu'à quitter leur costume s'ils ne veulent pas être mouillés !

Mais nous voilà arrivés dans la région des rapides, et l'équipage demande que nous prenions du renfort. On aborde au pied d'un village, et un carnassier bondjo, vieux camarade édenté du Frère Germain, s'embarque dans notre esquif, heureux de la brasse d'étoffe à cinq sous qui vient de lui être généreusement octroyée.

Mais comment combiner l'action du Bondjo et celle des Banziris ? Le premier, en effet, ne se sert que de son énorme pagaie, qui ressemble à une palette de roue de moulin, tandis que les Banziris n'ont que de petites pagaies qui sont aidées par les longues perches dont l'extrémité s'arc-boute sur les rochers du fleuve.

Il est entendu que le Bondjo et sa pagaie serviront de gouvernail, mais au moindre faux coup de barre, les Banziris réclament et improvisent narquoisement une chanson sur le Bondjo, qui se garde bien de réclamer, se sentant seul de sa tribu.

Les choses se passent sans encombre, cependant, et bientôt on double le rapide au delà duquel le bon Frère Séverin fut massacré l'année dernière. Avec quelle émotion et quelle vénération je me prosterne devant le terrain teint du sang de notre généreux martyr ! Le village assassin a disparu, et le chef a été pris par les autorités belges, qui doivent le punir de son horrible attentat. C'est le silence de la mort qui règne au milieu de ces cases à demi détruites et de ces bananiers envahis par les grandes herbes. Un de ceux qui se trouvaient avec le Frère au moment du massacre me donne sur place les détails les plus circonstanciés. Les pagayeurs banziris ne disent plus un mot et le Bondjo ne se sent pas à son aise, pensant peut-être que nous allions nous venger sur lui du crime commis par les gens de sa tribu.

On invoque la victime plutôt qu'on ne prie pour elle, et c'est dans un douloureux silence que continue le voyage. L'équipage lui-même, habitué cependant aux scènes de carnage, semble comprendre notre douleur et se contente de pagayer sans proférer une parole. C'est loin seulement du lieu sinistre qu'un Banziri rompt le silence en criant : « Les Bondjos sont comme les tigres qui mangent les hommes. » Ce à quoi notre Bondjo répond que tous les Bondjos ne se ressemblent pas et que, comme chez les Banziris, il y en a de bons et de mauvais.

La discussion continue ainsi jusqu'au soir, sous une pluie battante, qui semble avoir le don d'exciter l'éloquence des orateurs.

On navigue pendant plusieurs jours, avec des alternatives de sites pittoresques et de remous terribles dans les rapides.

Arrivée à la Sainte-Famille, à 2200 kilomètres de la côte. — Récit de la mort du brave lieutenant Archambault. — La soutane et le sabre. — Succès de la mission catholique.

A un coude brusque du fleuve, on aperçoit dans le lointain des habitations européennes, au-dessus desquelles se dressent la croix et le pavillon français.

C'est la mission de la Sainte-Famille qui se trouve là, à 2200 kilomètres de la côte.

Le virtuose du tam-tam redouble de vigueur et les sons se répercutent au loin pour prévenir de notre arrivée. Bientôt, en effet, on voit des banderoles s'agiter dans les airs. On a reconnu la pirogue de la mission et le tam-tam a annoncé par de savantes combinaisons que le grand chef était à bord.

Nous arrivons bientôt au débarcadère, où le personnel blanc et noir de la mission se presse pour recevoir la première bénédiction.

La mission ressemble en ce moment à un camp militaire, car il y a là cent cinquante tirailleurs avec leurs officiers et sous-officiers, qui vont se diriger vers le Chari et le Tchad. C'est le renfort pour Marchand que j'avais monté d'urgence huit mois auparavant et qui, à mi-route de Fachoda, avait dû faire volte-face pour ne pas être désagréable aux Anglais.

Je laisse à penser si les blancs étaient enchantés de cette promenade inutile et des rudes privations qui en avaient été la suite.

L'un d'eux, le brave Archambault, était mort des suites de ces fatigues.

En partant de Brazzaville, le bon lieutenant était en excellente santé, mais, à bord du bateau, il fut pris d'une fièvre bilieuse qui inspira des inquiétudes au docteur qui accompagnait la colonne.

Aussi, en passant à Liranga, on le débarqua à notre mission de Saint-Louis, où les soins les plus assidus et les plus fraternels lui furent prodigués pendant près d'un mois. Il se remit sur pied, continua son voyage et arriva fort bien portant à Banghi.

Là, il dut faire un voyage d'un mois en pirogue sur les rapides et s'avança assez loin dans l'intérieur après l'abandon de Fachoda; le gouvernement donna à la colonne de renfort, commandée par le capitaine Julien, l'ordre de redescendre et de se replier sur le Chari et le Tchad.

C'est ainsi que toute la colonne revint à la mission de la Sainte-Famille, qui servait de point de départ pour le Chari. Peu de jours après son arrivée, le lieutenant fut repris d'une fièvre bilieuse, et le Père Luec, habitué à soigner ces maladies, voulut lui faire suivre un traitement énergique. Le bon lieutenant, qui ne se croyait pas si bas, refusa absolument, pensant s'en tirer comme la première fois à Liranga.

Le Père Luec, voyant le danger, envoya une pirogue d'urgence à Banghi chercher un docteur, et celui-ci arriva rapidement après avoir marché nuit et jour pour franchir ses 250 kilomètres sur les rapides. Tous les soins furent prodigués au bon lieutenant, mais, hélas! inutilement. Le Père Luec put alors le confesser, lui administrer l'extrême-onction, et il expira aussitôt après.

Les officiers et les hommes de sa compagnie pleurèrent le brave camarade et le chef qui n'avait su s'attirer que des sympathies, et la mission lui fit les funérailles les plus solennelles.

Quelques jours après, 1er juin, j'arrivai à la Sainte-Famille et je ne pus qu'aller prier sur sa tombe et remplacer la famille absente. En priant pour le cher défunt que j'avais pu aimer et apprécier, j'ai prié Dieu d'adoucir aussi pour ses chers parents l'amertume de la séparation. Le corps du lieutenant repose dans une terre sainte, et des prières sont dites chaque jour à la mission pour le repos de son âme.

Son chef, le capitaine Julien, manifesta une vraie douleur en perdant ce jeune compagnon dont il me faisait le plus grand éloge.

A la mission, le personnel militaire était plus nombreux que le nôtre. Mais comme on fraternisait, à cette table où les cœurs se sentaient à l'aise et où les uns et les autres se considéraient comme des frères! « S'il en était ainsi entre tous les Français dans la mère patrie! » disions-nous.

Depuis ma dernière visite, la mission de la Sainte-Famille avait fait d'immenses progrès. De belles maisons d'habitation avaient été élevées; les champs cultivés s'étendaient au loin; et la ferme abritait des troupeaux qui donnaient du lait, du fromage et du beurre en abondance. On se serait cru dans un bocage de la Normandie.

Mais ce qui était encore mieux, c'est que l'évangélisation allait de pair et que le nom du vrai Dieu se répandait au loin dans la contrée.

J'eus le bonheur d'administrer le sacrement de confirmation à trente-deux chrétiens, et dans ces moments de consolation, on oublie volontiers les peines et les périls pour ne songer qu'à la joie de voir de nouvelles brebis dans le bercail du Bon Pasteur.

Ma joie, cependant, n'était pas entière, car la mission ne me semblait pas complète en l'absence du Père Moreau, son intrépide fondateur. Il était parti pour la France afin d'aller réparer sa santé délabrée par un séjour consécutif de dix années en Afrique, au milieu des plus rudes travaux et des plus dures privations. Ses néophytes l'attendaient avec impatience et se montrèrent tout heureux en apprenant que leur bon Père allait bientôt revenir.

Je passai là quatre journées délicieuses. Mais il fallut songer au retour.

On revient sur ses pas. — Monseigneur mérite toujours son nom indigène de « Diata-Diata ». — Escapade d'un veau.

Les préparatifs sont vite faits et nous voilà de nouveau installés dans notre légère embarcation, qui file à la descente sur les rapides avec une vitesse vertigineuse.

Mais le blanc, toujours pressé, excite encore les pagayeurs de la voix et du geste.

Les malheureux Baziris n'y comprennent rien. « Puisque la rivière marche toute seule, disent-ils, pourquoi ne pas aller comme elle? Nous arriverons toujours. Pourquoi les blancs sont-ils toujours si pressés? »

N'importe, il faut marcher ; et bientôt nos deux pirogues luttent de vitesse au risque de nous faire rompre le cou au milieu des rochers qui encombrent le fleuve.

La première pirogue contient notre serviteur et les deux missionnaires qui l'accompagnent jusqu'à Saint-Paul.

La seconde contient une génisse et un petit veau qui nous joue un vilain tour à notre premier campement. Nous fiant à la candeur de sa tendre jeunesse, nous l'avions délié de la pirogue pour lui permettre d'aller brouter commodément à terre. Mais le petit gredin brise la longue corde qui le retenait, et se mettant à la nage, se dirige lestement vers l'autre rive.

Vite on détache la pirogue et les Banziris courent après le fugitif, qui plonge à leur approche et s'esquive au moment où on croyait le tenir. De guerre lasse, un Banziri suit le même stratagème, et plongeant habilement il saisit par la queue l'intrépide nageur, qui est alors hissé à bord et solidement amarré à la pirogue. Il était temps, car un rapide grondait à cent mètres au-dessous, et il n'eût pas tardé, au milieu de la nuit, à engloutir hommes et bêtes ; la chasse avait bien duré deux heures. Une petite distribution de perles rouges vint récompenser le dévouement de nos braves Banziris.

On arrive enfin à la mission de Saint-Paul, et après avoir failli périr au milieu d'une tornade, on accoste notre brave *Léon XIII*, qui se tenait déjà prêt pour le départ.

Le voyage de retour se fit sans encombre, et le Père Guyader, élève capitaine, se distingua par des manœuvres savantes au milieu des bancs de sable, qui furent franchis sans le moindre échouage.

Quant au Frère Ferdinand, qui soigne ses machines comme une bonne maman soigne un enfant tendrement aimé, il profita de nos huit jours de repos à Brazzaville pour tout remettre à neuf et se préparer à un nouveau voyage.

Repos à Brazzaville !!! Actions de grâces.

Ces huit jours de *repos* furent employés à répondre à la volumineuse correspondance qui s'était accumulée en mon absence, à régler les affaires courantes à la mission de Brazzaville, à ordonnancer certains travaux pressants, à recevoir les nombreux concessionnaires qui viennent exploiter les *richesses* du Congo et qui nous demandent des renseignements dont ils ont grandement besoin sur un pays qu'ils n'ont pas l'air de connaître le moins du monde.

Nos modestes ressources ne me permettant pas de me payer le luxe d'un secrétaire, je dois faire tout par moi-même, de sorte qu'il m'aurait bien fallu trois semaines pour passer ces huit jours de repos. Mais le missionnaire sait bien que c'est seulement dans l'éternité qu'il goûtera le vrai repos qu'il ne peut trouver sur la terre.

Je n'oublierai pas cependant de remercier Dieu de l'heureux succès de notre dernier voyage dans l'Oubanghi, où l'évangélisation de mes chers missionnaires m'avait donné les plus douces consolations. En outre, chose extraordinaire, pas un incident ou un accident à déplorer pendant ce voyage ; pas d'attaque nocturne ; pas un homme mangé ; pas même le plus petit coup de sagaie !

Décidément les voyages deviennent monotones. Autant vaudrait pagayer sur la Vienne ou même sur la Seine, aux bords de laquelle certains sauvages parisiens semblent vouloir remplacer les Bondjos de l'Oubanghi.

En route de nouveau. — L'Alima. — Histoire du « Diata-Diata ». — Litige pour la goélette d'eau douce ! — Défaite de la colonie. — Vengeance chrétienne.

C'est maintenant vers l'Alima qu'il me faut porter mes pas, car là aussi nous avons des missions qui attendent avec d'autant plus d'impatience l'arrivée de notre bateau, qu'elles sont isolées des routes ordinaires et qu'elles n'ont de contact avec le monde civilisé que quand nous allons les voir.

L'Alima est une belle rivière qui se jette dans le Congo un peu au-dessus de l'Équateur et qui est navigable pendant près de 600 kilomètres pour les bateaux à vapeur. Sa largeur varie de 30 à 250 mètres et présente toujours des fonds suffisants, même aux plus basses eaux.

Malheureusement son cours est embarrassé par une foule de gros troncs d'arbres et de coudes très brusques qui rendent la navigation fort dangereuse.

Il fallait donc laisser à Brazzaville le *Léon XIII* avec ses petites commodités, et prendre le *Diata-Diata*[1], dont les faibles dimensions permettaient une plus rapide manœuvre au milieu des écueils de l'Alima.

C'est toute une histoire que ce *Diata-Diata*. Il est bien connu au ministère des colonies et son nom passera à l'histoire du Congo français.

Dès le commencement de la mission, une chaloupe avait été jugée indispensable pour visiter ces vastes contrées, où il n'y a guère d'autres chemins que les fleuves et les rivières.

Une chaloupe à voile, démontable par pièces de 30 kilogrammes, fut achetée en Europe et expédiée dans le haut Congo, où elle arriva avec les péripéties ordinaires à l'affreuse route des caravanes. Elle fut assemblée et remontée par les missionnaires, et en 1886, sa blanche voile surmontée de la croix filait vers le haut Congo aux yeux émerveillés des indigènes.

La navigation à voile ! c'est l'idéal pour le marin... quand il y a de la brise ! Mais c'est le désespoir dans le calme plat et c'est, hélas ! ce qui arrivait au Congo à l'époque des grandes chaleurs. Les courants violents du fleuve neutralisaient alors la force des avirons et on perdait un temps considérable et précieux dans des voyages aussi longs que désagréables.

On songea alors à installer un moteur à vapeur dans cette chaloupe qui jaugeait environ six tonnes. Mais les objections étaient nombreuses, surtout de la part du supérieur, qui devait payer les frais, et les choses n'allèrent pas toutes seules. Et puis, qui allait monter cette machine à vapeur, l'entretenir, la faire marcher et la réparer à l'occasion ? En effet, nous n'avions ni ingénieurs ni mécaniciens, et nos moyens ne nous permettaient pas d'en faire venir d'Europe, comme le faisaient les maisons de commerce. On

---

1. « Diata-Diata » signifie *vite, vite*, c'est le surnom indigène de Mgr Augouard, et ses missionnaires ont tenu à donner ce nom à la chaloupe avec laquelle Monseigneur avait fait ses premières explorations.

ne savait à quel saint se vouer ! S'adresser à saint Pierre ? C'était bon pour la voile ; mais voudrait-il s'intéresser à la vapeur, qu'il devait avoir en médiocre estime puisqu'il n'avait pas daigné l'utiliser en son temps ? Et pas un saint mécanicien au martyrologe. Voilà un des inconvénients de la civilisation moderne.

De guerre lasse, on se voua à tous les saints du paradis et, un beau jour, arriva une gentille petite machine qui fut vite installée à bord et qui tourna ses trois cents tours à la minute, sans le secours d'un ingénieur pour le montage et sans doute à la stupéfaction de saint Pierre, qui ne devait rien comprendre à la grosse marmite de ces nouveaux pêcheurs d'hommes.

Cette chaloupe à vapeur nous rendit les plus grands services ; mais avec le développement rapide du vicariat, elle devint bientôt insuffisante et on dut la renforcer du *Léon XIII*, qui fut également monté entièrement par les missionnaires. Une fois de plus, nous pûmes constater qu'on ne se repentait jamais de se confier à la divine Providence.

Comme je l'ai dit plus haut, nous nous faisons un devoir d'aider nos compatriotes dans l'expansion de l'influence française au Congo. L'an dernier, la colonie n'ayant aucun bateau pour transporter les troupes destinées à renforcer Marchand dans le Haut-Oubanghi, je lui avais prêté pour quatre mois notre chaloupe à vapeur *Diata-Diata*. Naturellement, on devait me la rendre en bon état, et après examen d'une commission nommée d'un commun accord.

Que se passa-t-il ? Je ne sais. Mais, un beau matin, je trouvais cette chaloupe ancrée à notre port et hors d'état de servir. On n'avait même pas daigné me donner un mot d'explication ni d'excuse.

Je réclamai à l'administration, qui répondit assez cavalièrement qu'elle ne me devait rien. La haute administration de la colonie, enchantée sans doute d'ennuyer un curé, me répondit dans le même sens, en ajoutant que la chaloupe était une vieillerie hors d'usage et bonne à mettre au rebut.

Mais s'il y a des juges à Berlin, il y en a aussi à Paris, et je m'adressai au ministre des colonies, qui fit alors des enquêtes avec force rapports à l'appui. — Cela tournait à l'enterrement de première classe.

J'étais bien résolu cependant à épuiser toutes les juridictions *pour obtenir justice*. J'insistai donc de nouveau. Enfin, le conseil technique du ministère donna raison à la mission, et la colonie dut nous payer toutes les avaries faites à notre bateau.

Pendant ce temps, la chaloupe déclarée irréparable et hors d'usage, fut admirablement remise à neuf par la mission, et ce fut le premier bateau qui tomba sous les yeux du gouverneur quand il revint à Brazzaville. Il apprit en même temps que nous nous étions vengés très chrétiennement en mettant cette chaloupe à la disposition de M. Gentil, pour transporter son expédition de la rive belge à la rive française.

Et voilà comment le *Diata-Diata* est aussi connu au ministère que les cuirassés de haut-bord.

C'est donc le *Diata-Diata* qui nous conduit dans l'Alima. Certes, l'espace est mesuré à bord, et il faut se tenir près de la machine, dont la chaleur s'ajoute encore à l'ardeur du soleil. Mais nous espérons que cela diminuera d'autant notre séjour en purgatoire.

J'omets les détails de navigation qui sont toujours les mêmes, pour arriver immédiatement à la mission de Sainte-Radegonde de l'Alima, où nous mouillons neuf jours après notre départ de Brazzaville.

Mission de Sainte-Radegonde. — Gare !

La mission de Sainte-Radegonde, fondée grâce à une généreuse charité qui a voulu rester ignorée, date du commencement de cette année. Les péripéties les plus variées en ont marqué l'établissement, mais n'est-ce pas là le caractère de toutes les œuvres de Dieu ?

En cinq mois, les missionnaires ont fait des merveilles et les constructions en bambous s'élèvent gracieusement sur la colline qui domine la rivière à la place de l'impénétrable forêt d'autrefois. Les indigènes, d'abord d'une timidité extrême, sont déjà devenus plus confiants et ils parlent sans cesse de la maison de Dieu et des enseignements qui y sont donnés. Espérons que la bonne semence ne tardera pas à fructifier dans cette terre sauvage où la croix étend ses bras pour répandre ses grâces sur de nouveaux chrétiens.

Quatre missionnaires travaillent avec ardeur à ce nouveau champ du Père de famille. Malgré l'isolement, la pauvreté, la fièvre, les travaux et les privations, l'entrain est toujours le même et la gaieté chrétienne fait oublier les nombreux ennuis de la vie africaine.

A Sainte-Radegonde un jour de repos est accordé à l'équipage, dont la vie est rude depuis quelque temps, et nos confrères sont heureux de nous garder pour parler un peu de la patrie absente.

Et puis, le lendemain, après la sainte messe, dite à 5 heures, en route pour le haut de l'Alima! Au départ on manque de couler. L'équipage a profité du bois sec pour se charger outre mesure, et diminuer ainsi la longueur de la corvée du soir. La machine, qui veut justifier le nom de « Diata-Diata », dépasse ses trois cents tours à la minute et refoule le courant de telle sorte que l'eau embarque d'une façon inquiétante : on n'a que le temps de retourner à la rive pour débarquer le trop plein, au grand désespoir de l'équipage, qui, comme beaucoup de blancs du reste, préfère l'ouvrage fait à celui qui reste à faire. En route de nouveau, et à toute vapeur.

Mission de Notre-Dame, à Lékéti. — Un épisode de veille. — Triomphe inespéré. — Un fait entre mille : la femme : « Je t'attendais. »

Les courants sont doublés avec un brio digne d'un torpilleur, et en six jours nous atteignons la mission Notre-Dame, au lieu de huit jours que nous avions mis au précédent voyage.

La veille de l'arrivée, nous avions campé dans un village où l'un de nos petits chrétiens ne manqua pas de venir me saluer à bord. Un couteau de trois sous fut la récompense de sa civilité. L'enfant ne voulut pas rester en arrière de générosité avec moi, et bientôt il m'apporta un paquet de gros vers blancs qui devaient servir à son repas du soir. C'était ce qu'il avait de mieux à m'offrir et il le sacrifiait volontiers à mon profit. Je le remerciai et, naturellement, je ne voulus pas le priver de ce mets délicieux, auquel j'ajoutai un peu d'huile de palme, ce qui mit à son comble la joie du brave marmot.

Notre arrivée surprit tout le monde à Notre-Dame, car on me croyait encore dans l'Oubanghi. Sans être un inspecteur gouvernemental, j'eus cependant la satisfaction de constater que là, comme à Sainte-Radegonde, tout était parfaitement en règle, et sans être annoncé je trouvai tout dans l'ordre le plus parfait.

La joie fut vive de part et d'autre ; mais la mienne fut vraiment grande en voyant le nombre des chrétiens augmenté dans de notables proportions et l'influence de la mission s'étendre jusqu'au milieu des villages païens.

A Notre-Dame, les constructions étant terminées, les missionnaires pouvaient entreprendre régulièrement des tournées apostoliques, et ils retournaient rarement sans avoir baptisé un ou plusieurs enfants ou moribonds, envoyés au ciel par la voie la plus courte et souvent la plus extraordinaire : un fait entre mille.

Dernièrement, une femme malade est signalée dans un village assez éloigné de la mission. Le Père Leray s'empresse d'y aller et voit une pauvre femme qui ressemblait plutôt à un squelette qu'à un être humain. Il entreprend de lui faire connaître les principales vérités de notre sainte religion ; la malade s'y prête volontiers, et après plusieurs leçons elle est suffisamment instruite pour recevoir le baptême.

Chose incompréhensible! Après avoir si volontiers appris et écouté les leçons du catéchisme, elle refuse opiniâtrément le baptême et ne peut donner aucune raison de son refus. Le Père était dans la désolation. Les instances ne peuvent vaincre l'obstination de la malade, et le mari commence à maugréer à son tour.

Le Père revient à la mission la mort dans l'âme. Vite il assemble le personnel chrétien, et tous se prosternent aux pieds de la sainte Vierge en lui demandant l'âme de la pauvre malade.

Sans perdre courage, le Père retourne au village le lendemain, et, à son grand étonnement, la première parole de la malade fut pour demander elle-même la grâce du baptême.

Quand on lui demanda son nom pour l'inscrire sur les registres, elle répondit qu'elle s'appelait : *Je t'attendais*. Ce n'était peut-être qu'une coïncidence fortuite, mais on peut y voir l'action de Dieu, car en effet la pauvre femme semblait n'avoir attendu que la grâce du baptême pour mourir, puisqu'elle s'éteignit doucement quelques instants après.

Difficultés. — Incroyance à la résurrection. — Le fétiche « Ologhi ». — Qu'en pense la Faculté ?

Le missionnaire, évidemment, n'a pas que des consolations dans son dur ministère, et il est obligé de lutter opiniâtrément contre le démon, dont les féticheurs sont les représentants dans ces sauvages contrées.

Certains mystères de notre religion ne peuvent être compris par ces malheureux, qui sont des matérialistes à outrance. Si quelqu'un, par exemple, ressuscitait un mort devant eux, ils s'empresseraient de tuer le thaumaturge et le miraculé. Ils n'admettent le surnaturel que par l'intervention des mauvais esprits.

Le diable, du reste, cherche à les maintenir dans ces idées en leur donnant quelquefois le spectacle de choses extraordinaires.

Il y a quelque temps, un féticheur rappela du tombeau un homme enterré depuis plusieurs années. A la grande stupéfaction de l'assistance, la terre se souleva, et le mort se dressa en regardant l'assistance. Comme il faisait mine de parler, on se précipita sur lui à coups de bâton, et ses parents eux-mêmes furent les premiers à l'étreindre pour le forcer de se recoucher dans sa tombe.

Pendant ce temps, le féticheur fut appréhendé et sur-le-champ mis à mort et brûlé sur un bûcher. Sa tête fut gardée et suspendue au-dessus de la tombe du pseudo-ressuscité, et c'est là que les missionnaires la virent eux-mêmes quand l'histoire leur fut racontée par des témoins qu'ils croient dignes de foi. Ne serait-ce pas là une ruse du démon pour empêcher ces pauvres noirs de croire à la résurrection du Sauveur ?

Autre fait.

Actuellement chez les Batékés de l'Alima on fait l'autopsie de tous les cadavres pour voir s'ils n'ont pas dans le corps le fétiche appelé *ologhi*. C'est une excroissance de chair qui se trouve au-dessous du cœur et qui, normalement, ne se trouve ni chez l'homme ni chez la femme.

Quand cette excroissance anormale ne se trouve pas dans le cadavre, celui-ci reçoit les honneurs des solennelles funérailles. Mais quand d'aventure cet « ologhi » est dûment constaté, on déchire le cadavre en mille morceaux, et les parents sont les premiers à donner l'exemple dans ces horribles circonstances. J'ai engagé mes missionnaires à se procurer un « ologhi », si c'était possible, et de le conserver soigneusement dans l'alcool, après avoir pris des renseignements circonstanciés sur la position, la forme, la couleur et l'existence de cette excroissance, qui a été constatée chez des hommes comme chez des femmes, mais qui n'existe pas chez tous en général. Peut-être est-ce une maladie, comme le goitre dans certaines vallées d'Auvergne. Dans tous les cas, je voudrais que la Faculté nous donnât son opinion sur ce cas et sur le remède à y apporter si c'est une maladie. Ce dernier moyen serait excellent pour déjouer les ruses du démon, et la matérialiste Faculté deviendrait spiritualiste à son insu. Si ensuite nous pouvions la convertir !

Voilà un des mille obstacles que les missionnaires rencontrent dans l'évangélisation des villages, et ils se buttent à une foule de stupidités d'où il est bien difficile de faire sortir nos pauvres noirs, surtout quand ils ont atteint un certain âge.

Nous avons cependant bon espoir en Notre-Dame, car les populations ne sont point foncièrement méchantes et elles ont une certaine rigidité de morale qui, hélas ! est bien rare en Afrique.

Parmi nos chrétiens, il y a plusieurs fils de chefs et d'hommes libres qui se destinent à être catéchistes et qui, dans un avenir peu éloigné feront énormément de bien dans leurs villages. Daigne la Vierge de Lourdes, patronne de cette mission, faire fructifier le semence que nous jetons en terre sous sa divine protection.

Un saut pé-**l**l**eux. — Franceville, dans l'Ogowé. — Encore les carav**a**nes. — Surprise désagréable. — Le pont Alexandre III. — Chargement complet. — Sapin aquatique.**

Du bassin du Congo, passons maintenant au bassin de l'Ogowé, car le vicariat de l'Oubanghi va « s'enrichir » de la mission de Franceville. S'enrichir est une façon de parler. Soit dit pour le fisc, qui trouverait ici plus de tribulations que d'argent.

Le vicariat de l'Oubanghi est séparé du vicariat du Gabon par une ligne de faîte qui sépare le bassin du Congo du bassin de l'Ogowé. Le vicariat du Gabon, se trouvant dans l'impossibilité de ravitailler et de desservir la mission de Franceville par le fleuve Ogowé, où les noirs sont absolument les maîtres, a demandé que cette station passât au vicariat de l'Oubanghi, qui la desservirait par le Congo et l'Alima.

La chose sera plus facile par le Congo que par l'Ogowé, mais elle sera beaucoup plus dispendieuse, à cause de l'énorme détour qu'il faudra faire pour atteindre Franceville. Toutefois, dès qu'il y avait un service à rendre à une autre mission et des âmes à sauver, il n'y avait plus à hésiter.

En route donc pour Franceville.

Il faut faire de nouveau connaissance avec cette belle route des caravanes et subir les mille péripéties qui en sont l'accompagnement obligé.

Le bon Père Leray, qui m'accompagne, s'occupe de l'organisation de la caravane, et le lundi 17 juillet, nous voilà en route pour l'Ogowé.

La marche est facile dans les immenses plaines des Batékés, car l'aridité du sol ne laisse pousser que de maigres gazons à travers lesquels le pied se meut facilement. Par contre, la chaleur est accablante dans ces plaines dénudées, où le sable brûlant renvoie à la figure les ardeurs du soleil.

On presse le pas pour atteindre une ligne verdoyante de grands arbres qui se dressent devant nous à l'horizon. Là, du moins, nous aurons un peu de fraîcheur.

Surprise désagréable. Il y a bien de la fraîcheur, mais elle est causée par une rivière qui a trois à quatre mètres de profondeur et qu'il est impossible de franchir à gué.

Il faut s'arrêter pour jeter un pont sur cette rivière au moyen de deux troncs d'arbre qui sont vite abattus et jetés au-dessus de l'obstacle. Ce travail nous retarde de deux heures, mais nous fait croire que nous sommes plus forts que les ingénieurs de Paris.

Il est vrai que notre travail est un peu moins artistique que celui du pont Alexandre III !

Dans la même journée il faut recommencer une seconde fois la même opération ; mais nous nous consolons à la pensée que notre retour sera beaucoup plus facile.

Le lendemain, nouvel obstacle du même genre. Malheureusement la largeur de la rivière, bordée d'un énorme marécage, ne nous permet pas d'utiliser nos talents de pontonnier. Il faut utiliser deux pirogues que nous finissons par dépister dans les bambous de la rive.

Toujours plein d'attentions pour moi, le Père Leray me laisse la plus grande, au fond de laquelle je trouve juste le moyen de m'asseoir, et... le chargement est complet. Pas un faux mouvement, car ce serait le bain inévitable. Le piroguier prend mille précautions pour ne pas faire chavirer le grand chef, qui prend tout de même son petit bain de siège au fond de l'esquif, qui n'est pas le moins du monde à cloison étanche.

Le Père Leray, plus agile, s'embarque, comme il le dit, dans sa petite voiture de place, mais, dès le départ, voilà le « sapin » qui verse et précipite automédon et voyageur au beau milieu du marécage. La gaieté n'en est pas altérée pour si peu, et un rayon de soleil a bien vite réparé l'accident.

Enfin, nous voici de l'autre côté de la rivière, et on reprend la marche dans la plaine avec les mêmes incidents de chaque jour. Deux rivières, cependant, sont plus difficiles à franchir, car il faut faire des prodiges d'équilibre sur des troncs d'arbres qui se trouvent à un mètre et qui sont rendus fort glissants par la rapidité du courant.

Le Père Leray, doué d'une agilité peu ordinaire, franchit les obstacles comme un véritable acrobate, mais je ne suis pas à l'âge de ces prouesses de gymnastique, et je dois prendre mille précautions pour éviter les bains forcés auxquels, du reste, je ne parviens pas à échapper toujours.

Qui ne connaît pas Bouïali ne connaît pas l'Oubanghi.

Dans ces circonstances, je fus vraiment touché de l'attention filiale d'un de nos petits chrétiens depuis longtemps au service de la mission.

Bouïali, prévoyant les obstacles, file devant moi et s'empresse d'installer de fortes lianes qui me permettront de me tenir en équilibre sur ces ponts par trop branlants.

Puis, prenant sur sa tête mes bas et mes souliers, il passe devant moi, me soutient par la main et m'avertit des obstacles qui se trouvent sous les pieds pendant que nous franchissons la rivière. Arrivé sur l'autre rive, il pousse un cri de triomphe, et continue le même manège à tous les obstacles. Il est fier de veiller sur Monseigneur et à chaque campement il s'ingénie pour nous trouver tout ce dont nous avons besoin. Ce jeune homme est déjà un solide chrétien qui comprend admirablement tous ses engagements du baptême, et qui sera un jour un précieux auxiliaire pour les missionnaires.

C'est lui qui disait un jour au Père Leray, quelque temps après son baptême :

« Père, j'ai faim.

— Mais n'as-tu pas reçu ta ration comme les autres ?

— Si, Père, mais ce n'est pas le ventre qui a faim.

— Veux-tu donc quelques friandises ?

— Mon Père, c'est mon âme qui a faim. Tu m'as dit que le chrétien avait une âme qui doit se nourrir de Dieu. C'est de cela que j'ai faim ! »

Et pour recevoir plus tôt cette faveur, Bouïali se mit à apprendre le catéchisme pendant tous ses moments libres. Il reçut bientôt les sacrements d'Eucharistie et de confirmation et je vis rarement noir manifester une joie plus sincère et plus raisonnée.

Il veut maintenant procurer la même joie à son jeune frère, qu'il m'a promis de m'amener prochainement.

En attendant, il est heureux de m'accompagner encore jusqu'à Franceville, car depuis dix ans, il a fait avec moi de longs et nombreux voyages. Aussi, malgré son jeune âge il est déjà contremaître de caravane et il s'acquitte à merveille de ses fonctions. Il y ajoute à l'occasion celles de cuisinier, charpentier, pilote, interprète, etc., selon les besoins du moment.

Dans les plaines des Batékés les villages sont assez rares et perchés au sommet des collines, position stratégique pour voir arriver l'ennemi dans la plaine.

Le manque d'eau douce cause parfois de réels embarras aux caravanes, mais elles s'en dédommagent dans certains bosquets où des ananas énormes et exquis viennent les rafraîchir fort à propos de la soif brûlante de la plaine de sable.

En s'approchant du bassin de l'Ogowé, le pays change d'aspect : les ruisseaux deviennent plus nombreux et les grandes forêts nous garantissent des ardeurs du soleil.

Ces forêts sont très peuplées, et nous traversons de nombreux villages olambas et mindombos où les cases sont bien alignées, et les places entretenues dans une propreté parfaite.

Partout nous sommes bien reçus et les indigènes viennent volontiers causer avec nous. Ils nous racontent une foule d'anecdotes sur les premiers blancs qui vinrent dans la contrée et nous pouvons nous convaincre une fois de plus que certains explorateurs ont une singulière façon d'écrire l'histoire ! Mais passons !...

**Franceville. — Sa situation géographique, physique, morale.
— Deux Évêques aux prises... avec la charité.**

Après six jours de marche, nous arrivâmes à la mission de Franceville, où nous causâmes à nos confrères la plus agréable surprise. Habitués depuis quinze ans à l'isolement et aux navrantes péripéties de l'Ogowé, ils ne voulaient pas en croire leurs yeux et ils se demandaient s'il était bien vrai que dorénavant ils allaient être en communication régulière avec le monde civilisé.

Là, j'eus la joie de voir arriver le Père Héc, venant de Lastourville, avec un convoi qui achevait à peu près d'opérer le transfert de Lastourville à Franceville.

La mission de Lastourville, fondée en 1883, dans la tribu des Adoumas, sur l'Ogowé, à environ 850 kilomètres de la côte, donnait alors les plus belles espérances. Hélas ! elles ne furent pas réalisées, à cause de l'ingratitude des indigènes, mais surtout, disons-le aussi, par l'opposition de ceux précisément qui auraient dû soutenir la mission.

Cet état de choses qui durait depuis longtemps déjà, menaçait de se perpétuer, il fallait en finir.

Mgr Adam, nouvel Évêque de Gabon, voulut aller voir par lui-même ce qu'il en était et résolut de monter à Lastourville et même à Franceville qui était de fondation plus récente.

Malgré la haute protection du gouvernement, impossible de trouver une pirogue.

Restait alors la voie de terre, peu usitée jusqu'alors. L'Évêque n'hésite pas à l'entreprendre. Mais, hélas ! pas de route : des sentiers à peine tracés ; pas de ponts sur les rivières ; le dos des noirs pour circuler dans les marécages et, par-dessus le marché, la fièvre qui, en un seul jour, se charge d'abattre les forces les plus vigoureuses.

Mgr Adam dut revenir au bout de deux jours et vit que désormais il lui était impossible de desservir les missions du Haut-Ogowé. Il donna immédiatement l'ordre d'évacuer Lastourville sur Franceville, où les indigènes se montraient heureux de l'arrivée des missionnaires.

Franceville se trouve à environ 1100 kilomètres de la côte en suivant l'Ogowé. C'est la voie la plus courte et la plus rationnelle ; mais, hélas ! la colonie a été incapable d'y assurer la sécurité. Ses finances n'étant rien moins que brillantes, elle a même dû retirer ses quelques postes de miliciens, de sorte qu'aujourd'hui les indigènes sont absolument les maîtres. C'est une situation vraiment lamentable après vingt ans d'occupation française.

Heureusement la mission catholique était là, et c'est elle qui relève l'honneur du pavillon français dans ce coin perdu de l'Afrique.

La voie étant fermée par l'Ogowé, on songea à desservir la mission de Franceville par le Congo. En même temps qu'on fondait Franceville, il y a deux ans, le vicariat de l'Oubanghi fondait la mission de Notre-Dame à Lékéti dans le haut de l'Alima. De Lékéti à Franceville, la distance est de 180 kilomètres. Le vicariat du Gabon offrit donc à celui de l'Oubanghi la mission de Franceville, où déjà se trouvaient bon nombre de chrétiens qui se seraient infailliblement perdus par la retraite des missionnaires.

Il n'y avait pas à hésiter, et malgré les charges accablantes qui pèsent sur moi à cause de notre éloignement dans l'intérieur, j'acceptai cette nouvelle mission.

Franceville était à 1100 kilomètres de la côte par l'Ogowé. Par le Congo, la distance sera de 1700 kilomètres et les frais de transport des colis en seront d'autant augmentés, ce qui n'est pas sans me causer de sérieux soucis dans l'avenir.

Me voilà donc avec une nouvelle mission sur les bras, et, pour toute ressource... la confiance en la divine Providence. Nous espérons qu'elle ne nous fera pas défaut, et qu'elle suscitera des âmes charitables pour contribuer à entretenir six missionnaires et leurs trois cents chrétiens, dont le nombre va sensiblement augmenter dans un très prochain avenir ; en effet, les populations de Franceville sont douces et nombreuses, et il y a un bien immense à faire dans les villages, qui reçoivent partout avec joie le missionnaire.

Retour. — A Lingoli, chef chrétien catéchiste volontaire. — Distribution des prix. — Chantage anodin d'un jeune chef.

Les jeunes chrétiens se font apôtres, et dans beaucoup de villages où le missionnaire n'a jamais mis le pied, on chante les cantiques et on récite couramment les prières.

Un soir, j'étais campé dans un grand village obamba avec le Père Leray et aussi le Père Tristan, qui, de Franceville, était venu nous faire une journée de conduite lors de notre retour.

A la tombée de la nuit, une petite cloche fait le tour du village et rassemble enfants et jeunes gens près d'une case entourée d'une légère palissade. C'est le neveu et héritier du chef qui, de sa propre initiative, va faire le catéchisme, et c'est ainsi qu'il procède chaque soir depuis qu'il a reçu la grâce du baptême.

La chose n'a pas été d'elle-même, et le jeune homme a dû subir les assauts de son oncle et en particulier des féticheurs, qui sentent leur influence minée quand le chef aura passé de vie à trépas.

Le jeune homme a tenu bon, et le village s'est habitué peu à peu à ces leçons de catéchisme en plein vent. On commence par la prière, suivie d'une demi-douzaine de cantiques, dont la poésie indigène ne vaut pas sans doute celle de Racine ni de Corneille, mais qui fait comprendre clairement quelques articles de notre sainte religion.

Tous les assistants sont assis par terre, et n'ont pas peur d'user leurs fonds de culotte, et pour cause ! Le catéchiste se promène au milieu de ses cinquante à soixante auditeurs et leur explique une leçon du catéchisme. Quand il voit l'attention moins soutenue, il entonne un cantique que tout le monde répète à tue-tête, même les vieilles mégères occupées à la cuisine dans les cases les plus éloignées, et ensuite il prend une nouvelle leçon qu'il ébauche et qui sera complétée le lendemain.

J'étais réellement ému en entendant les airs de la mère patrie retentir au milieu des sauvages forêts de l'Afrique, et j'étais non moins édifié de voir la religion enseignée sur une place publique, chose qu'on ne permettrait plus en France, au nom de la liberté !

On fit passer l'examen aux catéchumènes, et les plus savants reçurent, qui une perle, qui une pincée de sel, qui un miroir d'un sou, et chacun s'en fut, enchanté de l'aubaine inattendue. Puis, ce fut le tour des malades, qui vinrent se faire soigner et qui, avec le remède pour le corps, reçurent une bonne parole pour l'âme. Enfin, le chef arriva solennellement, avec sa suite qui remorquait un beau mouton destiné à sustenter les forces du grand chef des missionnaires. Il fallut naturellement faire échange de politesses et de cadeaux, et, chose extraordinaire, le chef se déclara satisfait de ce que je lui donnai en échange de son mouton.

Le fils aîné du chef était le premier au catéchisme et profitait de cette haute situation pour nous arracher de ci de là quelques petits cadeaux, à la grande joie de son père, qui s'empressait de mettre l'embargo sur le tout. Voyant une mine à exploiter, le chef usa d'un nouveau stratagème. Il m'amena son dernier né, gentil petit négrillon d'environ six ans, qui, sinon dans son costume, au moins dans ses allures, montrait déjà qu'il appartenait à la plus haute noblesse. Il se prit d'amitié pour moi et me suivit dans mes moindres déplacements. Mais l'ouverture d'une malle ou d'une caisse le trouvait toujours présent, et il s'y prenait adroitement pour obtenir quelques menus objets qui faisaient son bonheur. C'était aussi un excellent moyen de gagner les bonnes grâces du père, car les parents sont les mêmes partout.

Mes souliers intriguaient fort mon petit bonhomme, qui les examinait en tous sens. Enfin il me demanda si j'avais été piqué autrefois par un serpent ou une autre bête, pour garantir ainsi mes pieds avec une peau de bœuf qui devait bien me gêner pour la marche.

A ce village de Lingoli, nous disons adieu au brave Père Tristant, qui continue sa tournée apostolique, tandis que nous continuons notre route vers l'Alima.

Les bains sont moins nombreux qu'à l'aller, car on est devenu plus agile et nos ponts provisoires sont munis de grosses lianes qui maintiennent en équilibre les moins courageux.

Funérailles de la femme d'un chef. — Retour à Brazzaville. — Une tornade.

Un matin, la course avait été longue et on avait déjà marché de six heures à midi sans la moindre halte, car il n'y avait pas la moindre goutte d'eau sur la route et pas un arbre pour nous garantir des ardeurs du soleil.

Tout à coup, un de nos noirs prête l'oreille et s'écrie : « Pressons le pas, j'entends résonner le tam-tam de la mort ; il y a un décès dans le village voisin et si nous ne trouvons pas d'eau, nous trouverons du vin de palme à profusion. »

Et toute la caravane de répondre par des cris de joie à la plaisanterie macabre du loustic de la bande.

On approche du village et nous voyons, en effet, une foule hurlante qui danse autour d'un cadavre. Le spectacle ne manque pas d'une grandiose originalité. Mais aussi qu'il est triste de voir ces pauvres sauvages profiter de tous les décès pour se livrer à des orgies épouvantables !

C'est la femme du chef qui est morte la veille, et toutes les dames de la contrée vont s'assembler là pour danser et boire autour du cadavre tant que les ressources du chef lui permettront d'acheter du vin de palme.

Le village, selon l'habitude, se trouvant sur une colline, notre présence a été signalée de loin. Le chef ami des missionnaires a préparé pour nous deux intéressants quadrupèdes qui font le bonheur de la caravane. La cuisine est bientôt faite.

« Mais, malheur ! dit le loustic signalé plus haut, plus une goutte de vin de palme : nous arrivons trop tard, il va falloir boire de l'eau ! »

Le chef, en habits de deuil (ce qui consiste à en avoir le moins possible), vient dignement à nous, comme il convient, et nous fait part de son malheur. Nous lui offrons nos condoléances et nous lui ajoutons quelques brasses d'étoffe ainsi qu'un peu de poudre pour faire parler les fusils en l'honneur de la défunte.

C'est en effet un point d'honneur, pour les chefs surtout, d'entourer le cadavre de leurs proches de quantité d'étoffes et de tirer un grand nombre de coups de fusil en leur honneur.

Pour rehausser un peu le prestige du chef et lui montrer l'avantage de l'amitié des blancs, je fais tirer une salve de six coups de fusil Gras en l'honneur de la défunte, et les éclats de la fusillade éclipsent totalement ceux des fusils à pierre, qui n'osèrent plus se faire entendre tant que nous fûmes dans le village.

Le chef vint nous remercier de notre attention délicate et nous serra la main avec une solennité digne du protocole le mieux conditionné.

Non loin du cadavre, voilà les deux missionnaires installés sous un arbre pour prendre leur réfection. Il était temps, d'ailleurs, car la montre marquait une heure et demie, et nous n'avions rien pris depuis le matin.

A notre invitation, les hurlements cessèrent autour du cadavre ; toute la foule nous entoura en faisant les plus curieuses réflexions sur notre façon de manger, qui, à vrai dire, était bien plus compliquée que la leur.

A deux heures on se remit en marche après force compliments échangés de part et d'autre.

« C'est égal, disait le loustic, heureusement que la femme du chef était morte ! nous voilà maintenant du lard sur la planche ! »

Le samedi 5 août, nous étions de retour à Notre-Dame, et trois jours après, nous reprenions la route du fleuve pour retourner à Brazzaville.

La descente fut vertigineuse sur les rapides de l'Alima, et nous franchîmes en trois jours l'espace que nous avions mis neuf jours à remonter contre le courant.

Ce fut autre chose quand nous atteignîmes les grandes eaux du Congo. Les eaux avaient baissé considérablement, et dans ce fleuve de 40 kilomètres de large on avait peine parfois à trouver un mètre d'eau pour le passage de notre bateau.

Plus loin, ce fut une autre difficulté. Dans la saison sèche, la brise du nord souffle avec une grande violence, et à certains jours le fleuve est aussi démonté que la mer après une violente tempête.

C'est ce qui nous arriva le 14 août, et ce jour-là nous faillîmes sombrer au milieu du fleuve. Il fallut alors se résigner à se réfugier à la rive pour échapper au naufrage.

Mais c'était le 15 août le lendemain, et nous voulions absolument arriver à Brazzaville pour passer en famille la belle fête de l'Assomption.

Nous nous mettons en prière et nous invoquons l'Étoile de la mer, Marie, qui doit bien aussi penser un peu aux marins d'eau douce.

Au bout de quelques heures, le fleuve se calme un peu, et nous reprenons notre navigation, non sans de nombreuses douches, qui embarquent par-dessus bord et inondent les passagers aussi bien que le bateau.

Enfin nous arrivons à Brazzaville, et le lendemain nous avons le bonheur de célébrer solennellement la grande fête si chère au cœur de tous les chrétiens.

Repos forcé. — Maladie de Mgr Augouard. — Panama Congolais. — Grève des éléphants, des hippopotames et des singes. — Expédition Voulet. — Dénombrement du vicariat de l'Oubanghi.

Puis après, c'est un jour de repos, qui a bien été gagné par quatre mois de voyages consécutifs et les fatigues ordinaires à ces voyages en Afrique.

Le bon Dieu en avait décidé autrement, et il fallut se soumettre à une épreuve d'un autre genre.

Le 16 août, me sentant assez fatigué, j'allai me coucher un peu plus tôt que de coutume.

La nuit fut mauvaise, et le lendemain, à la mine consternée de mes chers missionnaires, je vis que les choses prenaient une mauvaise tournure. La chose parut plus grave encore quand on se mit en mesure de mettre des draps dans mon lit pour la première fois depuis vingt-deux ans. « Alors, dit le brave Frère Germain, c'est que Monseigneur est bien malade. »

Je sentais en effet mes forces décliner rapidement, et je pris mes dispositions pour faire le grand et dernier voyage.

Je fis à Dieu mon sacrifice avec joie pour le salut de mes pauvres noirs et pour le succès de la mission.

Ma pensée embrassa rapidement toute ma vie et se porta vers mes chers et affectionnés parents, dont aucun n'était là pour recueillir mon dernier soupir! Je priai Dieu de leur adoucir l'amertume de la séparation que je ressentais-moi-même en ce moment.

Et pourtant, dans cette amertume, pas de regrets, pas de plainte, mais une entière soumission à la volonté de Dieu, pour qui le missionnaire fait profession de donner sa vie sans retour.

Il semble que Dieu veuille à ce moment faire comprendre la grandeur de la privation de la famille pour rendre le sacrifice plus pur et l'œuvre de la rédemption plus efficace.

A côté de ces moments d'amertume, les consolations ne manquent pas cependant, car mes chers missionnaires me prodiguaient les soins les plus délicats et cherchaient à suppléer la famille absente.

Et c'est maintenent à recommencer! Le bon Dieu n'a pas voulu de moi et il m'a fallu revenir sur cette pauvre terre.

Puissent les jours qui me sont laissés servir à ma sanctification et au salut des âmes.

La convalescence fut un peu longue, et certes ce n'est pas notre confortable qui pouvait l'accélerer.

Le médecin voulait me renvoyer en France, oubliant probablement que je ne voyage pas aux frais des contribuables.

A cause de l'insalubrité du climat, les Européens ne restent généralement au Congo que deux ans. Quand ils séjournent trois années consécutives, on les regarde avec autant d'admiration que d'étonnement; mais lorsqu'ils dépassent ce terme, on les considère comme des héros.

A ce compte, nous sommes tous des héros! Mais il faut dire que si nous devions retourner aussi souvent en France, nos ressources annuelles ne seraient pas même suffisantes pour payer les voyages de la moitié du personnel. Et pendant ce temps, sur quels fonds vivrait l'autre moitié?

Après avoir été si éprouvé les deux dernières années et avoir perdu onze valeureux missionnaires en 1897-98, le bon Dieu semble nous épargner maintenant, puisque je n'ai eu aucun décès à déplorer cette année. Qu'il en soit mille fois béni!

Le chemin de fer du Congo belge a supprimé avantageusement l'affreuse route des caravanes; mais, hélas! il a augmenté les dépenses, car c'est 500 francs qu'il faut pour faire moins de 400 kilomètres.

Ce chemin de fer a eu aussi pour résultat d'amener ici de nombreux concessionnaires auxquels on a adjugé des millions d'hectares qui peuvent paraître une fortune en France, mais qui ne seront qu'une ruine au Congo.

A Brazzaville, les terrains valent 2 francs et même 5 francs le mètre carré le long du fleuve!

On ne voit partout qu'installations de factoreries et montage de bateaux. Mais, grand Dieu! que mettra-t-on dedans? Sans doute les actionnaires!

Bref, c'est une fureur que je ne puis comprendre, et je crains que d'ici peu de temps, nous n'assistions à un véritable Panama congolais. Le résultat le plus clair pour le moment, c'est que cette affluence d'Européens a produit la famine à Brazzaville et que les vivres sont hors de prix. Pour comble de malheur, les éléphants n'ont point paru cette année à leur place ordinaire et les hippopotames se font rares dans le fleuve. Les singes eux-mêmes semblent se mettre en grève et depuis longtemps n'ont pas reparu à notre cuisine. Que deviendrons-nous si nous ne pouvons plus manger du singe ?

Autre question plus grave. C'est celle de cette fameuse expédition Voulet, dont je ne puis comprendre l'étrange aberration. Que vont faire ces malheureux dans le terrible cas où ils se sont mis ? En rébellion ouverte, n'auraient-ils pas l'idée de s'allier aux sultans du Ouadaï et du Baghirmi, qui disposent déjà de forces considérables ? Dans ce cas ce serait un terrible danger pour l'expédition Gentil au Tchad, et même pour nos missions du Haut-Oubanghi.

Daigne le Seigneur écarter ce danger, qui serait d'autant plus douloureux qu'il viendrait de compatriotes français dont le nom, jusqu'à présent, était synonyme de valeur et de civilisation.

Nous prions Dieu d'écarter ce fléau, et de bénir les efforts que nous faisons ici pour sa plus grande gloire et celle de la France.

Le vicariat de l'Oubanghi compte actuellement *quarante-quatre* missionnaires, qui desservent *huit* missions et églises. Ces centres comprennent toujours des hôpitaux indigènes et des ateliers pour les différents métiers. En outre, les missionnaires desservent les villages de leurs contrées respectives.

Dans le vicariat, nous avons *onze* écoles, dans lesquelles plus de *sept cents* enfants ont passé cette année. Presque tous ont reçu la grâce du baptême.

Enfin, nous avons deux bateaux à vapeur, qui sont de véritables missions flottantes et qui portent partout la croix et le pavillon de la France.

Il me semble que ce sont des résultats appréciables après seulement neuf années d'existence. Ces résultats sont dus aux aumônes des pieux fidèles, et j'ose espérer que dans l'avenir elles ne nous feront pas défaut.

PROSPER AUGOUARD,
Évêque titulaire de Sinita,
Vicaire apostolique de l'Oubanghi.

POUR L'OUBANGHI, S'IL VOUS PLAIT.

Les offrandes sont reçues par M. l'abbé AUGOUARD, *5, rue de l'Étude, Poitiers.*

LIGUGÉ (Vienne)

Imprimerie Saint-Martin

M. BLUTÉ

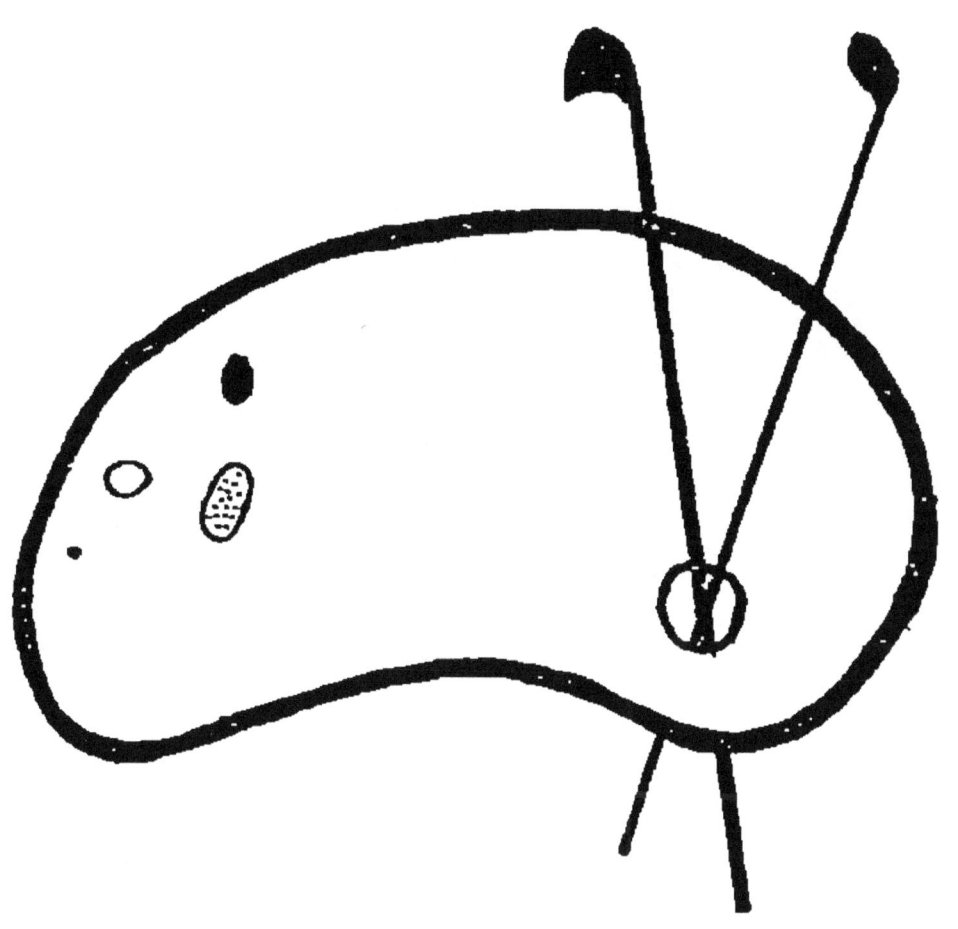

ORIGINAL EN COULEUR
NF Z 43-120-8

www.ingramcontent.com/pod-product-compliance
Lightning Source LLC
Chambersburg PA
CBHW060728050426
42451CB00010B/1687